UNIVERSITÉ DE FRANCE.

FACULTÉ DE DROIT. — ACADÉMIE DE GRENOBLE.

THÈSE

POUR LA LICENCE,

SOUTENUE

LE MARDI 29 AOUT 1843,

à neuf heures du matin,

PAR

Gonzague BOUSCHON,

Né à Uzès (Gard).

Vires acquiret eundo.....

NIMES.

Typographie BALLIVET et FABRE, rue de l'Hôtel-de-Ville, 11.

1843

À mon Père.

JUS ROMANUM.

De jurejurando sivè voluntario, sivè necessario, sivè judiciali.

Jusjurandum, quod nos omnes auctores edocent remedium esse expediendis litibus optimum, et modum contrahentibus datum obligationes initas probandi utilissimum, nihil aliud est quàm *asseveratio teste deo facta*. Ex duplici causâ oritur, vel ex pactione litigantium, vel ex judicis auctoritate. Undè jusjurandum *voluntarium* cui etiam *decisorii* adjectum nomen fuit, judicem quia ad setentiam devolvendam compellit, et *judiciale* jusjurandum, quod penès judicem est, ut planè ejus illustretur religio, agnovimus.

Huic verò posteriori, varias propter causas in quibus interponi-

tur varia nomina dantur. Primùn enim partes de facto incerto li-
tigant : pendet, ob inopiam probationum , judicis solutio ; defert
jusjurandum judex uni litigantium , ut rei ipse certior fiat, ille
autem , cui delatum est , illud prestare abnuere nequit; undè nomen datum fuit *necessarium* seu *suppletorium*. Partes autem in
posteriore casu non de facto , quod omnes certum habent, sed de
valore rei disceptant. Oritur *jusjurandum in litem*, modus rem
litigiosam æstimandi , et adhùc à judice delatum. Hunc triplicem
materiæ ordinem sequemur , et primùm de jurèjurando voluntario tractandum est.

§ I.

De jurèjurando voluntario.

Huic dùm studio incumbimus , à quo validè jusjurandum defe-
retur nos certiores facere debemus. Utiliter hoc verè deferent sivè
actor , sivè reus , dummodò liberam rerum suarum administrationem habeant , nam sivè pro pacto convento , sive pro solutione,
sive pro judicio hoc jusjurandum cedat , igiturque non ab aliis ,
quàm qui ad hæc habiles sunt , præstandum est. Pupillus ergò inef-
ficacem , si jusjurandum defert , adversario exceptionem pariet ,
quia illum hàc utili replicatione impugnabit , sese liberè rebus suis
non præesse. Illud solummodò tutores vel curatores deferre possunt,
in pupilli rebus , cùm nullæ aliundè probationes emergunt, et jusjurandum pupillo expediturum est. Procuratori mandato ad id ex-
presso opus etiam erit.

Sed cuinam deferretur jusjurandum? Cunctisne sinè ullà personarum adhibità distinctione? Non ità lex statuit et ex illà auctores quoque noluerunt. Gellius imprimis immunes omninè ab illo esse vult *Vestales , Flamen , Dialem* , sanctorum propter excellentiam munerum. Ut res suas liberè gestet, ille cui ut juraret jussum fuit, necesse est, sicut suprà diximus. Huic inutiliter verò ut juraret imperaretur, qui finis jurijurando propositi ignorantiam possibilem allegat. V. G. , hæres ejus , cum quo contractum est, nam contractum interpositum ignorare sanè potest, et justam habet causam ignorantiæ an id quod petatur debeatur , qui in alterius locum succedit. Et non solùm de pecuniis deferri , sed de rebus omnibus, operis etiam , potest , et quàcumque actione conveniatur unus , alteri proficiet jusjurandum , vel cùm ex conventione extrà litem daretur. Prætor enim illud tanti facit, quanti quod in lite motà fuit delatum , sed eodem modo jurandum , quo provocandum est. Ergo si *per Deum*, vel *per caput tuum*, aut aliam quamlibet attestationem jusjurandum defertur , *per Deum* , *per caput* , est efficiendum , in loco insuper ubi judicium acceptum fuit , aut erat accipiendum.

Validos autem ut sortiatur effectus, ut ex delatione oriatur, necesse est ; nam aliter non benè tutam sese illa via præberet. Testari Deos inhonestus homo non abnueret , qui delictum propter aut mutuam pecuniam in judicium vocatus , hoc facili exitu uteretur, dùm illi eram nimis pœnam superi pararent. Statim ac delatum , præstandum jusjurandum est , saltem post moram ex causà concessam elapsam , et id quod juratum possibile esse debet. His omnibus si satisfactum conditionibus appareat , magna jurijurando invalescit auctoritas. Is cui delatum fuit aut jurare, aut adversario referre debet, si possit adhùc referre , nam jusjurandum semel acceptum retorquendun non est , alioquin causà cadit , manisfestæ enim turpitudinis est nolle jurare nec juramentum referre ; idcircò ait Prætor : « *eum à quo jusjurandum petetur , si non refera , solvere* » *aut jurare cogam.* » Et vis illa jurisjurandi generaliter nullo modo frangi potest , nam vicem rei judicatæ obtinet , et quamdam transactionis continet speciem , et non solùm deferenti , sed etiam cuivis alio , cujus suâ interest , proficiet , V. G. , debendi correis , nam si ex duobus reis promittendæ ejusdem pecuniæ alter juravit , alteri quoque proderit.

Ex eo quod à reo aut ab actore emittitur , varii effectus oriuntur ; reo deferenti exceptionem parit , quâ actoris consilia impugnabit , actoris autem proposita actione munit. Ex paucis tamen quibusdam causis jusjurandum rescinditur , Ex. G. , si minor viginti annis illud detulerit , et sese deinceps captum arguat , exceptionem proponere poterit , sed modò eò usquè læsus fuit erit restituendus. Posterius deniquè jusjurandum priùs infirmat. In casibus etiam quibusdam illud non præstitum pro præstito prætor habet , videlicet , id quod remissum est ; is autem remittit , qui , deferente se , quum paratus esset adversarius ad jurandum , gratiam ei fecit , voluntate jurisjurandi sucepti contentus , sed tantùmmodò utiliter remittent ii qui liberam rerum suarum administrationem habent , et transactum peragere possunt.

§ II.

De jurejurando necessario seu suppletario.

Jusjurandum illud est quod , pendente lite , inopiam probationum judex uni litigantium deferre solet. Huic vis tanta non inest , quanta voluntario , nam instrumenta , quæ forsan post illud præstitum reperientur , judicis religionem illustrabunt , et eum rei planè certiorem efficient nihilominùs , is cui delatum est , abnuere non potest , alioquin etiam causà cadit , et beneficio jusjurandum sibi delatum adversario referendi non fruitur. Quemlibet litigantium interpellare judicem penès est , et ille aut jurare aut solvere debet.

¿ III.

De jurejurando in liten.

Illud jusjurandum est quod à judice defertur , cùm de rei ipsius existentiâ constat , sed de valore rei disceptatur. In omnibus actionibus sivè realibus , sivè personalibus , sivè civilibus , sivè rei persecutoriis , sivè pœnalibus, atque etiam in ipsis causis infamantibus, veluti si furti vel de vi bonorum raptorum , vel injuriarum agatur civiliter , delatum utiliter apparet ; sed non omni personæ conceditur. Judex solus interponendi fruitur potestate , et domino litus illud concedendum Ulpianus Papinianusque contendunt. A quovis alio , atque à judice delatum , planè nullum est , et nullam quæstionis litigiosæ solutionem parit. Quædam tamen existant excepta in quibus nec domino litis , nec adversario jusjurandum deferandum est , verbi gratiâ , in tutelari causâ nec tutorem ad id cogendum , nec matrem pupilli admittendam divi fratres rescripserunt. Grave enim videbatur ignorantes et invitos tutores sub alieni compendii emolumento etiam perjurium anceps subire. Istis verò exceptis casibus , in omni causâ et cuicumque domino litis ut deferat ad judicem pertinet , et de quâcumque summâ in infinitum viget ; sed ex illo non tanta auctoritas , quanta è voluntario emergit. Illud enim posterius vicem rei judicatæ obtinens

vidimus , et nullam aliam sententiam judici relinquendam , atque
eam quod jusjurandum provocavit ; ex hoc verò , de quo tracta-
mus , sententiam fovere judex non cogitur ; absolvere seu pænam
imponere , et pænæ fines extendere vel restringere judici fas est.
Cæterùm jusjurandum in litem ad duas species vergit , *affectionis*
nempè , aut *veritatis*.

Affectionis , si reus dolo malo rem non restituat aut exhibeat,
et tunc actori licet rem tanti quanti libuerit facere.

Veritatis si reus culpâ tantùm arguatur , et tunc judex certam
summam præfinire solet , quæ valorem rei verum non excedet , et
intrà quam ab actore jurari debet.

QUÆSTIONES.

Creditore , qui de mutuâ pecuniâ contrà pupillum contendebat,
jusjurandum ei deferente , pupillus juravit se dare non oportere.
Eamdem pecuniam à fidejussore ejus petit ; an excludendus sit
exceptione jurisjurandi ?

Affirmo si de existentiâ debiti juratum sit.

Jusjurandum est ne rescindendum propter instrumenta noviter
reperta , aut perjurii prætextum , cùm sententia judicis ad hoc
jusjurandum subsecuta sit ?

Affirmo , dùm fraus in principio litis extiterit , veluti si
unus è litigantium instrumenta ad alteram partem pertinentia
retinuerit.

DROIT FRANÇAIS.

CODE CIVIL.

Effet des priviléges et hypothèques contre les tiers-détenteurs.

ART. 2166—2179.

L'hypothèque, nous apprend le Code civil, est un droit réel sur certains immeubles affectés à l'acquittement d'une obligation. Elle est indivisible, et réside sur toutes les parties de la chose, *est tota in toto, et tota in quàlibet parte*. Elle a de plus un droit de suite. Les effets qu'elle produit doivent donc être conformes à sa nature; aussi sont-ils faciles à déduire : 1° Elle assure le paiement de la créance, sur le prix de l'immeuble hypothéqué par préférence aux

créanciers chirographaires; 2° elle donne le droit de suivre l'immeuble en quelques mains qu'il passe , et c'est sous ce dernier point
de vue que nous allons en considérer les effets. Nous ne traiterons
pas en particulier des priviléges qui ne sont en réalité qu'une hypothèque privilégiée , donnée à certaines personnes à raison de la
qualité de leurs créances , tandis que l'hypothèque ne demande
aucune créance particulière. Elle peut intervenir entre toutes personnes , en vertu de toute obligation , pour en assurer le paiement
ou l'exécution.

D'après ces premières considérations, toutes les fois que l'immeuble, gage des créanciers, sera aliéné par leur débiteur, ils auront
la faculté d'exercer leur droit de suite. Dans l'ancien droit trois ac-
tions leur étaient ouvertes pour exercer leur hypothèque : une première action personnelle hypothécaire , par laquelle on concluait
au paiement total de la créance contre le tiers-détenteur , personnellement obligé , tels que l'héritier du débiteur , la femme déten-
trice des biens de la communauté ; une deuxième action hypothécaire proprement dite contre le tiers-détenteur non personnellement
obligé. Le but de cette action était d'obtenir par là un jugement ,
et par suite une voie d'exécution, à l'effet d'obtenir ou le paiement
de leurs créances , ou le délaissement de l'immeuble. C'était d'ailleurs un moyen de publicité des charges qui grevaient l'immeuble,
un avertissement donné aux tiers. Mais cette deuxième action est
devenue inutile , depuis la promulgation de notre Code civil qui
exige que toute hypothèque soit rendue publique , et ne puisse
prendre rang et produire d'effet qu'autant qu'elle aura été inscrite,
et qui permet aux créanciers de poursuivre la vente par expropriation forcée , sans autre formalité préalable qu'une sommation
faite aux tiers-détenteurs , et l'expiration d'un délai de trente jours
après elle. Enfin , une troisième action hypothécaire d'interruption

leur était donnée, non plus pour demander aux détenteurs le délaissement de l'héritage, mais seulement l'effet d'obtenir un acte déclaratif d'hypothèque et interruptif de prescription. Cette action est conservée dans notre régime hypothécaire actuel, autant qu'elle a pour but d'empêcher la prescription au profit du tiers-détenteur.

Aujourd'hui le tiers-détenteur se trouve placé de la même manière à l'égard des créanciers de son vendeur ; ou bien il est personnellement obligé à la dette, et, dans ce cas, il peut être poursuivi par tous les moyens de droit et voies légales naissants du contrat même formé entre tout créancier et tout débiteur, ou bien il n'est obligé qu'à raison de l'immeuble qu'il détient, et les créanciers hypothécaires de cet immeuble conservent le droit qu'ils avaient contre leur débiteur originaire, de le faire vendre sur la tête de celui qui le détient, par expropriation forcée. Comment le tiers-détenteur se soustraira-t-il à leurs poursuites ? Comment pourra-t-il échapper à ce droit de suite transféré aux créanciers par hypothèque ?

La loi romaine avait répondu avant nous à ces difficultés ; elle avait fait la position du tiers-détenteur ce qu'elle est encore aujourd'hui. *Cedat aut solvat*, avait-elle dit, guidée par ces motifs, *cessante causâ, cessat effectus*. Dans le principe on ordonna le délaissement de toute nécessité, mais on ne tarda pas à s'apercevoir que les créanciers pouvaient tirer un avantage d'un paiement obtenu sans poursuites ; on pensa d'ailleurs que le prix était la représentation de la chose, et on ajouta à la faculté de délaisser celle d'offrir le prix de son acquisition. C'est ce qu'il fait aujourd'hui, lorsqu'il ne délaisse pas, en purgeant les hypothèques inscrites, d'après les formalités voulues par la loi. Ainsi le tiers-détenteur de l'immeuble hypothéqué échappera au droit de suite en purgeant les hypothèques qui le grèvent , et offrant de distribuer son prix aux créanciers , ou bien en délaissant.

Ici deux questions se présentent naturellement : Quels objets atteindra le droit de suite ? Appartiendra-t-il indistinctement à tous les créanciers ? Quant à la première , le droit de suite ne peut atteindre évidemment que les objets susceptibles d'être hypothéqués, par conséquent les biens-immeubles qui sont dans le commerce et leurs accessoires réputés immeubles, tant qu'ils ne sont pas démembrés du fonds , car séparés ils reprennent la qualité de meubles , et l'usufruit de ces mêmes biens pendant sa durée. Quant à la deuxième , l'ancienne loi avait bien exigé que ce droit n'appartînt qu'aux créanciers inscrits , mais elle était vicieuse dans son application ; en effet , elle exigeait que l'inscription précédât l'aliénation , et refusait toute espèce de droit au créancier , qui n'avait pas pris inscription au moment où l'aliénation avait eu lieu , même avant la transcription de l'acte de vente. Suivaient de là de graves abus, car un débiteur qui , à raison d'une obligation par lui contractée , venait de consentir une hypothèque , pouvait vendre un immeuble , avant que le créancier eût pu prendre inscription en vertu de son titre. Le Code de procédure civile, par son art. 834, a comblé cette lacune , en admettant au droit de surenchère , sur le prix de l'immeuble hypothéqué aliéné par le débiteur , tout créancier qui aura pris inscription dans la quinzaine de la transcription de l'acte translatif de propriété. Nous voyons donc que ce droit de suite ne peut être exercé que par les créanciers inscrits au moment de l'aliénation, ou ceux inscrits dans la quinzaine depuis ; mais ces poursuites ne seront valablement faites que par ceux d'entre eux dont les créances seront exigibles tant en capitaux qu'intérêts , car le tiers-détenteur prend le lieu et place du débiteur originaire , et jouit des termes et délais à lui accordés.

Toutefois le tiers-détenteur recherché hypothécairement peut avant tout invoquer le bénéfice de discussion, connu dans la loi romaine sous le nom de *beneficium ordinis*. Au moyen de ce bienfait de la loi, il peut s'opposer à la vente de l'héritage hypothéqué qui lui a été transmis, s'il est demeuré entre les mains du principal ou des principaux obligés d'autres immeubles hypothéqués à la même dette, et requérir la discussion préalable de ces immeubles, en se conformant aux formalités prescrites par le législateur au titre du *Cautionnement* (art. 2022-2023). Et c'est à juste titre que cet amendement a été accordé à sa position, car il ne blesse pas le droit du créancier, puisque l'objet qu'on propose à ses poursuites est suffisant pour payer sa créance, et que celui qui oppose la discussion doit avancer les deniers nécessaires. Mais ce bénéfice ne peut pas être opposé en tout état de choses : car, outre les conditions requises que nous venons de mentionner, il ne faut pas que le créancier à qui on l'oppose, soit privilégié ou ait une hypothèque spéciale sur l'immeuble. Il résulte en effet dans ce cas de la convention entre le créancier et le débiteur une affectation spéciale, un *jus in re*. Le créancier n'a contracté avec son débiteur qu'à raison de la sûreté que lui présentait cet immeuble.

Le délaissement ne peut être fait que par un débiteur qui n'est pas personnellement obligé, et de plus qui a la capacité d'aliéner, le délaissement n'étant pas un acte de pure administration. Bien que ce ne soit pas une véritable aliénation, le délaissant se dépouille néanmoins à l'égard des créanciers. C'est une abdication actuelle de la possession naturelle et détention, mais non de la propriété et possession civile, et qui ne peut entraîner la perte de la propriété que par un défaut de paiement au jour de l'adjudication. Aussi peut-il être fait, lors même que le tiers-détenteur aurait déjà reconnu la dette ou subi une condamnation en sa qualité. Il peut même le reprendre, en payant la totalité de la dette en principal, intérêts et frais, jusqu'au jour de l'adjudication définitive qui transporte la propriété sur la tête du nouveau adjudicataire ; jusqu'à ce jour en effet le tiers-détenteur avait été propriétaire, en vertu de son contract d'acquisition.

Quant au mode prescrit pour faire le délaissement, il se fait au greffe du tribunal, qui en donne acte. Sur la demande de la partie la plus diligente, en donne un curateur à l'immeuble contre lequel sont dirigées toutes les poursuites, et notification du délaissement est faite par le délaissant au vendeur et aux créanciers inscrits, afin qu'ils puissent s'opposer au délaissement, s'il y a lieu. Toutes notifications doivent être faites aussi au débiteur originaire ; c'est là une maxime impérieuse, un principe sévère de procédure, en matière d'expropriation forcée.

L'on conçoit facilement que, dans le délai qui se sera écoulé depuis le moment de l'entrée en possession du tiers-détenteur jusqu'au jour des poursuites, l'immeuble ait subi quelques variations dans son état ; il peut avoir été amélioré ou détérioré. S'il a été détérioré, l'on a dû décider que, soit que le détenteur délaisse l'héritage, soit qu'il subisse l'expropriation, il a paru juste d'astreindre l'acquéreur à indemniser les créanciers hypothécaires ou privilégiés des dégradations mêmes antérieures à la sommation, lorsqu'elles procèdent de son chef ou de sa négligence, afin de l'obliger à conserver le gage des créanciers ; car bien que par la vente la propriété lui ait été transférée, qu'au premier abord l'application de cette maxime, *qui neglexit rem quasi suam nulli querelæ subjectus est*, semblât juste et bien placée, la propriété ne lui arrive que sous l'affectation des charges qui la grèvent ; par son acquisition il se forme un quasi-contrat entre lui et les créanciers, et nul débiteur ne peut aggraver la position de ses créanciers. Du reste, comme tout débiteur d'obligation, il n'est pas tenu des accidens fortuits ou par force majeure, *casum fortuitum nemo prestat.*

Mais, de même qu'il supporte les pertes, la loi toujours guidée par des principes de rigoureuse justice, ne veut pas qu'il ne lui soit tenu aucun compte des améliorations qu'il aura faites sur cet immeuble, qu'on enlève aujourd'hui à ses soins. Elle a posé au nombre de ses axiomes cette règle d'équité : *nemo cum alterius jactura locupletari debet*, et si réellement il a ajouté à la valeur du fonds, les créanciers qui par là auront vu augmenter leur gage, devront lui tenir compte de la plus-value. En effet, ceux-ci n'avaient droit que sur ce qui appartenait à leur débiteur : les améliorations ne lui appartenaient pas: elles sont propres à l'acquéreur, et ne peuvent devenir sans récompense le gage des créanciers. Il en sera de même toutes les fois qu'il s'agira de dépenses utiles, mais il ne sera pas nécessaire que ces réparations aient produit une plus-value, quand il aura fait sur l'immeuble des dépenses nécessaires, car alors il a conservé le bien des créanciers, pour que récompense lui soit due. C'était à eux à faire ces dépenses, eux qui devaient profiter de la conservation de la chose ; c'est dans leur intérêt qu'elles ont été faites, *ubi emolumentum, ibi onus esse debet.*

Il résulte encore de ce que, par la vente qui lui est faite, le tiers-détenteur acquiert la propriété, qu'il est possesseur de bonne foi, et en cette qualité doit percevoir les fruits jusqu'au jour où il aura connaissance du vice de son titre. Or, cette connaissance ne lui parviendra qu'à dater du jour de la sommation, et si les poursuites ont été abandonnées pendant trois ans, il ne devra les fruits qu'à compter de la deuxième sommation, car par cette cessation de poursuites, rien ne venant soutenir les prétentions émises, il a dû croire à la bonté de son titre. Cette cessation établit une présomption, que les créanciers ont reconnu leur demande mal fondée. Tous les fruits qu'il aura perçus dans cet intervalle lui seront bien et valablement acquis.

Son droit de propriété a amené aussi la confusion des servitudes et autres droits réels qui grevaient de son chef l'immeuble acquis, d'après le principe *res sua nemini servit*. Obligé de délaisser, il ne doit rendre aux créanciers que ce qui appartenait à leurs débiteurs. Aussi reprend-il tous les droits, servitudes et autres, qu'il avait personnellement sur l'immeuble ; car il n'avait consenti en effet à cette confusion qu'à la condition qu'il serait maintenu dans sa qualité de propriétaire ; la condition ne se réalisant pas, ses droits renaissent tels qu'ils étaient avant l'adjudication. Etant réputé propriétaire, il aura pu valablement hypothéquer l'immeuble, jusqu'au moment de l'adjudication ou délaissement, mais ses créanciers personnels ne pourront venir qu'après les créanciers inscrits précédemment et à leur rang sur le bien délaissé ou adjugé. Si lui-même a des hypothèques propres sur l'immeuble, il peut les exercer à son rang.

Telle est la position de l'acquéreur d'un immeuble hypothéqué à l'égard des créanciers privilégiés ou hypothécaires du vendeur ; mais à l'égard de ce dernier, elle est la même qu'elle est établie au titre de la vente. Soit qu'il paie, soit qu'il délaisse, le tiers-détenteur éprouve une éviction réelle dont il doit être indemnisé,

QUESTIONS.

Quelle sera l'action donnée au tiers-détenteur qui délaisse , pour obtenir des créanciers récompense pour les améliorations par lui faites ?

Sera-ce un *jus retentionis* ? Non.

Sera-ce en vertu d'un privilége ? Non.

Nous pensons que c'est en vertu de l'action *de in rem verso*.

L'héritier détenteur de l'immeuble hypothéqué , qui a payé sa part de la dette , peut-il opposer ce paiement au créancier hypo_ thécaire qui lui réclame le paiement intégral.

Non.

CODE

DE

PROCÉDURE CIVILE.

Surenchère sur aliénation volontaire.

ART. 832—838.

Nous voyons dans notre régime hypothécaire que les biens hypothéqués sont le gage spécial des créanciers , qui , lors du contrat , les avaient en vue , et n'auraient pas prêté , peut-être , si ces sûretés ne leur avaient été spécialement affectées. De là est né ce droit à eux accordé de se faire payer sur le prix de l'immeuble par préférence à tous autres creanciers. Mais n'aurait-il pas pu arriver qu'un concert frauduleux entre leur débiteur et le nouvel acquéreur ne vînt diminuer l'effet de ces sages précautions de la loi , et offrir aux créanciers un prix d'acquisition inférieur à la valeur réelle de l'immeuble, et leur enlever une partie des sûretés espérées ? C'était bien là en effet un écueil à éviter, un danger que devait prévenir la prévoyance du législateur, et elle y est arrivée, en permettant aux créanciers d'ouvrir une surenchère sur le prix d'acquisition.

En général, on appelle *surenchère* une enchère faite par un créancier en sus du prix de la vente des biens de son débiteur, soit que cette vente ait été faite en justice, soit qu'elle ait été valablement consentie par le débiteur lui-même. Dans ce dernier cas, le seul dont nous ayons à nous occuper ici, en empruntant à l'art. 2185 du Code civil une partie de ses prescriptions, nous la définirons : *Un acte par lequel, après la notification du contrat de vente d'un immeuble hypothéqué, l'un des créanciers inscrits requiert en donnant caution de faire porter le prix à un dixième en sus de celui du contrat, et que l'immeuble soit mis aux enchères, pour être vendu publiquement.* Dans l'ancienne législation, on ne rencontre nulles dispositions analogues ; c'est là une heureuse innovation de notre nouveau régime hypothécaire. Elle diffère en plusieurs points de la surenchère sur expropriation forcée ordinaire. En effet, dans l'une le délai pour surenchère n'est que de huitaine, dans l'autre il est de quarante jours ; dans la surenchère sur aliénation volontaire la faculté de surenchérir n'est accordée qu'au créancier inscrit, et dans la surenchère sur expropriation forcée toute personne est admise ; le prix de surenchère dans la première est un dixième, et dans la deuxième d'un sixième. La loi n'a cru devoir admettre à la surenchère que les créanciers inscrits lors de l'aliénation, et ceux inscrits dans la quinzaine de la transcription de l'acte de vente, parce qu'il n'y a que ces créanciers qui aient un intérêt direct au plus ou moins de valeur de l'objet. Cet immeuble est leur gage, c'est leur propriété, pour ainsi dire ; le prix n'en doit être distribué qu'entre eux, qui en ont fait leur sûreté. Comment parviendront-ils à cette surenchère ? Quelles en seront les formes ?

Lorsque quelqu'un a acquis un immeuble hypothéqué, il notifie aux créanciers inscrits extrait de son titre, contenant date et qualité de l'acte, nom et désignation précise du vendeur ou donateur, car l'immeuble peut très-bien lui être arrivé par donation, nature et situation de la chose vendue ou donnée, extrait de la transcription de l'acte de vente, et enfin un tableau contenant les hypothèques inscrites, créanciers inscrits, et montant des créances inscrites ; en même temps notification leur est faite de son intention de distribuer le prix aux créanciers placés en ordre utile, sans distinction de dette exigible ou non. Ces notifications ne sont pas faites aux créanciers inscrits dans la quinzaine de la transcrition de l'acte de vente, parce qu'ils ne sont pas connus au moment de l'aliénation, quoique du reste ils soient autorisés à surenchérir.

Quarante jours après les notifications dont nous venons de parler, le créancier surenchérisseur doit signifier à l'ancien et au nouveau propriétaire (au premier afin qu'il fournisse ses moyens contre les créanciers, s'il en a ; car cette action d'éviction se réfléchira ensuite du nouveau propriétaire contre lui ; au deuxième, car c'est sa qualité de propriétaire qu'on lui conteste, et d'ailleurs il peut se porter adjudicataire), soumission de faire porter la surenchère d'un dixième en sus du prix total, et en même temps offres et indications de caution, avec assignation au délai de trois jours pour la faire recevoir à l'audience, où il est statué sommairement. Au moyen de cette indication, le nouveau propriétaire peut immédiatement par une procédure rapide prendre des renseignemens, pour savoir s'il doit contester la solvabilité de la caution. Toutes ces notifications et réquisitions sont faites par un huissier commis par le président du tribunal de première instance du lieu où la surenchère se poursuivra, sur simple requête. Au moyen de cette ordonnance ce genre d'officiers ministériels obtient le degré de confiance nécessaire à ses fonctions. Si ces formalités ne sont pas remplies, la surenchère est considérée comme non avenue, et l'acquéreur maintenu, à moins que d'autres surenchères n'eussent déjà été formées. La loi a dû entourer cette faculté donnée aux créanciers de ces sages mesures, afin de prémunir l'acquéreur contre les attaques inconsidérées de certains d'entre eux. Cette faculté puise son origine dans la crainte d'un concert frauduleux entre l'ancien propriétaire et le nouvel acquéreur. Il faut en user avec précaution, car la fraude ne se présume pas, *fraus nunquàm præsumitur*. Une observation qui trouve encore ici sa place, est celle-ci : La surenchère une fois ouverte profite à tous les créanciers inscrits ; mais n'aurait-il pas pu arriver que le nouvel acquéreur ne désintéressât le créancier surenchérisseur, de telle sorte que celui-ci, sans se désister de son action, car le Code civil le lui défend, ne lui donnât plus de suite, et n'y mît de la négligence dans les poursuites ? Le législateur a prévu ce cas, et décide que tout autre créancier peut se faire subroger à son lieu et place par simple requête en intervention signifiée par acte d'avoué à avoué, et les poursuites sont continuées aux risques et périls du premier surenchérisseur et de la caution. C'est là une conséquence inévitable des principes généraux en matière d'obligations. Une obligation une fois formée ne peut s'éteindre que par le consentement mutuel des parties. Le créancier surenchérisseur a ouvert par sa surenchère un nouveau droit à ses créanciers, droit qu'ils peuvent exercer à moins qu'ils ne consentent à sa révocation.

Pour parvenir à la surenchère restent encore quelques conditions. Les créanciers inscrits lors de l'aliénation sont bien avertis
par les notifications prescrites par l'art. 2183 du Code civil , de l'a-
liénation , mais rien ne les avertit de l'ouverture d'une surenchère.
Ceux qui n'ont pris inscription que dans la quinzaine de la transcription de l'acte de vente ne sont avertis par aucune formalité ,
puisque nulles notifications ne leur sont faites. Ce manque d'ins-
truction leur est communiqué par l'affiche des placards , désignés
par l'art. 856 (Procéd. civ.), contenant la nature de l'immeuble
aliéné , la date du contrat de vente , le montant du prix , et celui
de la surenchère, noms , professions et demeures des anciens et
nouveaux propriétaires , du surenchérisseur ou de son subrogé ,
noms et demeure de l'avoué poursuivant , et du tribunal où la
surenchère se poursuit. Ces placards seront apposés quinze jours
au moins avant l'adjudication et trente au plus tard à la porte de
l'ancien propriétaire et autres lieux , désignés par l'art. 699 du
Code de procédure civile , avec insertion aux journaux dans le
même délai. Sommation est faite aussi à l'ancien propriétaire et au
créancier surenchérisseur dans le même délai d'y assister ; car ils
sont intéressés à l'action dont il s'agit. L'acte d'aliénation déposé au
greffe sert de minute d'enchère, le prix d'acquisition sert de mise
à prix. En matière d'expropriation forcée si au jour des enchères
nul autre enchérisseur ne se présente , le créancier poursuivant est
déclaré adjudicataire ; il en est de même ici pour le créancier
surenchérisseur , lors même qu'un autre se serait fait subroger à
la poursuite. Du reste, le créancier surenchérisseur est soumis aux
exigences de la loi comme le créancier poursuivant, qui se trou-
vent comprises dans les art. 701 , 702 , 705 , 706, 707, 711 , 712,
713, 717, 731 , 732, 733 du Code de procédure civile. S'il y a
des nullités, celles relatives à la déclaration de surenchère et assi-

gnation seront proposées avant le jugement qui doit statuer sur la réception de la caution, jugement qui prononcera sur leur admission ou sur leur rejet. Les nullités relatives à la mise en vente doivent être proposées trois jours avant l'adjudication, et elles sont vidées par le jugement même d'adjudication. L'opposition n'est pas admissible; la voie de l'appel est ouverte contre les jugemens, statuant sur les nullités antérieures à la réception de la caution, ou sur sa réception même, et sur la demande en subrogation intentée pour collusion ou fraude.

Le principe que *surenchère sur surenchère ne vaut* trouve encore ici sa place, car après l'épreuve d'une adjudication à la suite de surenchère en vente volontaire, l'immeuble étant censé avoir atteint son juste prix, toute nouvelle surenchère est interdite.

Quant aux effets de cette surenchère, ce sont ceux mentionnés en l'art. 717 du Code de procédure civile. Le créancier surenchérisseur n'acquiert que les droits appartenant à l'ancien propriétaire, et l'action résolutoire est interdite aux créanciers précédens non payés, à moins qu'avant l'adjudication la demande n'ait été notifiée au greffe du tribunal où se poursuit la vente; auquel cas il y a lieu de se conformer aux prescriptions de l'article précité.

QUESTIONS.

Le jugement qui a annulé une surenchère peut-il être opposé à tous les créanciers inscrits, lors même qu'il n'a été rendu qu'entre l'acquéreur et le surenchérisseur, et qu'il pourrait être l'effet de la collusion ?

Oui.

Peut-on diviser par lots l'adjudication des immeubles soumis à la surenchère ?

Oui.

CODE DE COMMERCE.

Devoirs du capitaine de navire.

Le capitaine d'un navire étant préposé comme chef à sa conduite pendant la navigation, doit avoir des devoirs à remplir, naissant de la nature et de l'objet de sa mission, et de la responsabilité continuelle qui pèse sur lui, et offrant une garantie, soit à l'armateur, soit aux chargeurs, contre la volonté si indépendante de cet homme, autorité suprême véritable, lorsqu'il se trouve au milieu des mers. C'est ainsi que pour poser quelques limites à cette indépendance, la capitaine est assujéti à l'accomplissement de certaines conditions qui sont pour lui des devoirs. Ainsi en cas de jet d'une partie du chargement, encore s'il veut abandonner le navire pendant le voyage, sa volonté doit être corroborée par l'assentiment des principaux de l'équipage. Ces devoirs se rattachent à deux espèces principales : 1° comme chargé de commander à une réunion d'hommes, il exerce une fonction en quelque sorte publique, et dans cette qualité il a des droits et devoirs pour ainsi dire publics : comme mandataire et préposé de l'armateur, il a d'autres devoirs privés. Les premiers sont régis par des lois particulières à la police de la navigation (loi 22 août 1790, déterminant comment et par qui les marins sont punis de leurs fautes et délits, et quelles peines doivent être prononcées) (loi 20 avril 1825, s'occupant des crimes de piraterie et baraterie) ; les deuxièmes sont imposés au capitaine par notre Code de commerce et naissent à quatre époques différentes, avant le départ, pendant le voyage, au débarquement, et enfin dans le cas de réunion de plusieurs capitaines. Nous ne traiterons que des devoirs relatifs à la première époque.

Et d'abord nous voyons qu'il est tenu de ses fautes même légères, car la moindre faute de sa part peut compromettre non-seulement la fortune du propriétaire du navire et des chargeurs, mais encore la vie de tout l'équipage. Et d'ailleurs n'est-ce pas de principe en droit commun, que tout mandataire salarié doit répondre de ses fautes mêmes légères ? Comme tout commissionnaire ou voiturier, il répond des marchandises, dès l'instant qu'elles lui ont été livrées et qu'il en a fourni le connaissement (acte contenant de la part du capitaine indication et reconnaissance des marchandises chargées sur son bord). Aussi lui appartient-il de former son équipage, car s'il répond de la direction du navire, il est juste qu'il puisse choisir lui-même ceux auxquels il va confier une partie de cette direction ; mais cette liberté ne doit pas aller jusqu'à compromettre les intérêts des propriétaires ; si ces derniers sont présens, il agira de concert avec eux ; c'est même de la volonté de ceux-ci que dépendent les conditions de l'engagement. Néanmoins un armateur prudent doit lui laisser une liberté d'autant

4

plus grande, qu'il est responsable des faits des hommes qu'il choisit, et que sa vie, sa sûreté sont à la merci de ses subordonnés.

Avant de prendre charge, le capitaine ne peut se dispenser de se munir d'un congé, c'est-à-dire d'une permission délivrée par l'autorité compétente pour sortir du port et mettre en mer. Mais il ne pourra obtenir ce congé qu'après avoir fait visiter son navire, ainsi que les lui prescrivent les règlemens sur la police et sûreté de la navigation, à l'effet de savoir si le vaisseau est en état de tenir la mer. Les vaisseaux étrangers sont même assujétis à ces règlemens. Le procès-verbal de visite est déposé au greffe du tribunal de commerce, extrait en est remis au capitaine, et ce n'est que sur la représentation de ce procès-verbal que le congé peut être délivré.

Comme tout commerçant il est tenu aussi d'avoir son registre ou *Journal de bord*, coté et paraphé par un juge du tribunal de commerce, et, à défaut, par un membre de l'autorité administrative, contenant les résolutions prises pendant le voyage, les recettes et dépenses du navire, enfin toute reddition de compte dérivant de sa charge. Ce registre renferme l'historique de la vie du capitaine ; par lui les armateurs et chargeurs s'assurent de la fidélité et de la diligence qu'il a déployées dans sa mission. Sans cette sage précaution de la loi, égaré un moment par de vaines idées de souveraineté et d'indépendance, il aurait pu quelquefois méconnaître ses devoirs et négliger ses fonctions. Ce contrôle continuel auquel il est forcé de soumettre ces actes lui rappelle qu'il n'est qu'un mandataire salarié, que le préposé aux intérêts et à la fortune d'autrui ; qu'un jour viendra où il sera forcé de raconter sa vie à ses commettans, de leur rendre compte, ainsi que tout mandataire y est obligé à la fin de sa gestion, et que les pages de ce livre devront alors lui venir en aide ou déposer contre lui, suivant qu'elles attesteront une bonne ou une mauvaise gestion. Le capitaine doit avoir en outre à bord l'acte de propriété du navire, l'acte de francisation, le rôle d'équipage, le connaissement, procès-verbaux de visite, acquits de paiement ou à caution des douanes. L'utilité de ces pièces est démontrée par l'usage fréquent que le capitaine est obligé d'en faire au cours de sa navigation, et surtout pour éviter en temps de guerre la prise prononcée de plein droit contre tout navire dont la propriété et le chargement ne sont pas constatés par des ordres réguliers.

Une dernière obligation que nous avons à faire connaître et qui rentre dans la classe des devoirs du capitaine pendant le voyage, est celle qui lui est imposée par l'art. 227 du Code de commerce, qui lui ordonne de se trouver en personne sur son navire à l'entrée des ports, havres et rivières, parce que ces passages sont ordinairement les plus dangereux, et ceux pour lesquels sont établis dans certaines circonstances des *pilotes*, *cotiers* ou *lamaneurs*, que le capitaine est alors obligé de prendre pour diriger son vaisseau. Cette obligation dérive des mêmes considérations qui ont fait exiger qu'il sortît le dernier du navire en cas de naufrage, et qu'il ne pût l'abandonner, quelque grand que fût le danger, sans l'avis des principaux de l'équipage. Son sort est lié à celui du navire; le navire est pour ainsi dire le sol qui le nourrit, la patrie qu'il doit servir et défendre; l'honneur lui fait un devoir de ne songer à sa sûreté personnelle qu'après avoir assuré ou tenté du moins le salut de tout ce qui l'entoure.

QUESTIONS.

Les juges peuvent-ils admettre d'autre preuve du chargement que le connaissement ?

Oui.

La loi laisse-t-elle à l'appréciation souveraine des juges les faits servant à établir la responsabilité du chargement et par suite l'appréciation de l'authenticité du connaissement ?

Oui.

Vu :

Grenoble, le 21 août 1843.

Le président de la Thèse,

BURDET, fils.

EXAMINATEURS : MM. BURDET, Président de la Thèse,
BOLLAND,
GUEYMARD, } *Professeurs.*
TAULIER,

Vu : Le Doyen de la Falcuté

Aug. GAUTIER.

www.ingramcontent.com/pod-product-compliance
Lightning Source LLC
Chambersburg PA
CBHW060506200326
41520CB00017B/4930